智慧武术

欧阳鑫
韩立军
编著

团结出版社
UNITY PRESS

图书在版编目（CIP）数据

智慧武术／欧阳鑫，韩立军编著. -- 北京：团结出版社，2022.7
（智慧育人／韩立军主编）
ISBN 978-7-5126-9415-6
Ⅰ. ①智… Ⅱ. ①欧… ②韩… Ⅲ. ①武术-体育教育-教学研究-中小学 Ⅳ. ①G633.962

中国版本图书馆 CIP 数据核字（2022）第 085561 号

出　　版：团结出版社
（北京市东城区东皇城根南街 84 号 邮编：100006）
电　　话：（010）65228880 65244790
网　　址：www. tjpress. com
E - mail：65244790@ 163. com
出版策划：力扬文化
经　　销：全国新华书店
印　　刷：成都兴怡包装装潢有限公司

开　　本：145mm×210mm　1/32
印　　张：21.125
字　　数：487 千字
版　　次：2022 年 7 月第 1 版
印　　次：2022 年 7 月第 1 次印刷

书　　号：ISBN 978-7-5126-9415-6
定　　价：168.00 元（全三册）

学校开设武术课，十分必要

武术乃中华文化之精髓，值得传承并发扬光大。

湖南永州零陵区智慧树小学，开教育之先河在学校开设武术课，通过摸爬滚打，增强体质，培养学生吃苦耐劳精神和坚韧不拔的意志，成效显著。2020 年 12 月，在湖南省第二届潇湘武术节上，学校派出宁彪、罗俊杰两位同学首次参赛，取得三金一银的好成绩；2021 年 7 月，在湖南省第三届潇湘武术节上，学校派出 40 名学生参赛，获金牌 40 枚、银牌 23 枚、铜牌 10 枚，团体总分第一名；2021 年 12 月，湖南省第一届潇湘武林大会在省会长沙举行，学校派出 40 名学生参赛，获金牌 64 枚、银牌 33 枚、铜牌 17 枚，集体拳术一等奖，得到比赛组委会一致好评。

来智慧树学校读书的学生，大多是留守儿童和单亲家庭的孩子，因为缺乏管教，大多不爱学习，且行为习惯差。学校开设武术，大大激发了孩子们的学习兴趣，孩子们在快乐中学习，快乐中成长，行为习惯得到了重大改变，上课时守纪律，坐得正，听得进，作业认真，学习成绩自然提高，书写出一个个“低进优出”的教育传奇。男生宁彪，今年 10 岁，是一名留守儿童，他的老家在邵东，离珠山智慧树学校上百公里远。由于性格调皮，父母决定将他送到智慧树学校，来锻炼孩子的自我管理能力。来到智慧树小学学习后，宁彪受益匪浅，改掉了调皮的性格，学业成绩大幅度提升，还练就了一身武艺，成为“网红”。附近的珠山镇中学、零陵区实验中学的老师们高度评价：智慧树小学来的学生，爱学习，懂礼貌，行为习惯好，我们特别喜欢。

办学11年来，智慧树小学已成为区域知名、行业领先的特色学校，学校连续七年被零陵区评为“优秀民办学校”“优秀民办幼儿园”，办学规模和教育质量均居全市同类学校前列。2017—2021年，在零陵区小学3—6年级期末统考中，连续五年取得全区所有公办、民办学校前三名的优异成绩，被评为“教学工作先进单位”，CCTV、中央新闻、新华社、湖南卫视、《三湘都市报》、《潇湘晨报》、永州电视台、永州发布等新闻媒体多次给予宣传报道。由此可见，学校开设武术课，是切实可行的，也是十分必要的。

为推广中华武术，帮助广大学校开设武术课，增强学生的体质，提升学生的综合素质，智慧树学校武术教练欧阳鑫、文学顾问韩立军，两人一文一武联合编撰了《智慧武术》一书，希望广大学校、师生、家长喜欢。

原永州市人大常委会主任 郑邦淳

2022年春写于永州

目录

第一章 武术基本功

俗话说：“练拳不练功，到老一场空”，基本功是学武入门的第一关。现实中，人们往往忽视基本功训练，宁愿在动作招式上花大功夫，而不愿进行基本功练习，没有充分认识到基本功在武术中的重要性。同时，习练基本功是件枯燥无味、极其艰苦的“差事”，故而人们多知难而退走所谓的“捷径”，直接学习套路，这些亦是错误的认识和做法。

其实，基本功的重要作用有许多：

1. 通过基本功训练，可避免和减小伤害事故的发生，延长运动寿命。

2. 能够较快、有效地提高身体素质，增强身体的灵活性、柔韧性和协调性，为进一步学习和提高武术技术技能奠定牢固的基础。

3. 通过习练基本功，能提高动作质量，形成正确、标准的动力定型，做到精神饱满、气力顺达，内外协调一致，为武术训练提供必要的条件。

一、步型

1. 弓步

前脚尖微内扣，全脚掌着地，前腿半蹲，大腿水平于地面，小腿垂直于地面；另一腿伸直，脚尖微微外撇，全脚掌着地，两拳放在腰间。

要点：两脚切勿站在一条线上，形成走钢丝之势，难以掌握平衡，应一左一右，前脚尖和后脚跟在一线上为准。

2. 马步

两脚左右分开约三~四脚长距离，脚尖向前，屈膝半蹲，目视前方，双手抱拳于腰间。

要点：膝尖切勿超过足尖，以免使膝关节受损。

3. 仆步

一腿全蹲，大小腿贴紧，全脚掌着地，膝与脚尖外展；另一腿伸直接近地面，脚尖内扣。

要点：伸直的腿切勿有弯曲，脚掌要踩住地面，上身挺直。

4. 虚步

后脚尖微外撇，屈膝半蹲，大腿几乎水平，前腿微屈，脚尖虚点地面。

要点：忌虚实不明。

5. 歇步

两腿交叉屈膝下蹲，前脚全脚着地，脚尖向外；后脚跟离地，臀部的外侧贴紧后小腿。

要点：两腿要贴紧，后膝切勿跪地。

二、手功

1. 拳

四指并拢伸直，然后向内屈卷紧握，大拇指扣压在食、中指的第二指节上。拳分拳眼、拳面、拳背、拳心和拳轮五个部位。

要求：拳要握紧、握实，拳面要平，腕要挺直。

2. 掌

四指并拢伸直，大拇指一、二指节屈曲，紧贴于虎口部位。掌分掌心、掌背、掌指、掌根和掌外沿。

要求：手指并紧，大拇指紧扣虎口处。

3. 爪

五指伸直分开，然后食指、中指、无名指、小指一、二指节屈曲内扣，大拇指也微曲内扣，虎口撑圆。

要求：五指用力，爪心含空，以意行气，力达爪尖。

4. 钩

五指略屈并拢，大拇指指肚与其它四指指肚捏合在一起。钩分钩顶和钩尖两部分。

要求：屈腕捏合，钩指要紧，力在钩尖。

三、腿功

1. 正压腿

面对一定高度的物体，左脚跟放在物体上，脚尖勾起，两腿伸直，两手扶按在左膝上，或用两手抓握左脚，然后上体立腰向前下方振压，用头顶尽量触及脚尖。两腿交替进行。

学练要点：两腿伸直，立腰挺胸前压。

2. 侧压腿

右腿支撑站立，左脚从体侧放置到一定高度的物体上，脚尖钩起，右臂上举，左掌立于胸前，两腿伸直，腰部挺立，上体向左侧下振压，振压幅度要逐渐加大，直到上体能侧倒在左腿上。两腿交替进行。

学练要点：两腿伸直，开髋立腰挺胸，上体完全侧倒。

3. 仆步压腿

右腿屈膝全蹲，全脚着地；左腿向左侧伸直，脚尖内扣；两手分别抓住两脚脚背，成左仆步；腰部挺直，左转前压。左右仆步交替进行。

学练要点：直腰抬头，一腿全蹲，另一腿伸直，两脚压紧地面。

4. 正搬腿

右腿伸直支撑，左腿屈膝提起，左手扶膝，右手抓住左脚，然后将左脚向前方伸出，直至膝关节挺直，左脚外侧朝前。两腿交替进行。

学练要点：两腿伸直，立腰挺胸，被搬腿的脚尖钩紧。

5. 侧搬腿

左腿伸直支撑，右腿从体侧抬起，右手经右小腿内侧绕脚后抱住右脚跟，将右腿伸直，脚尖钩紧。两腿交替进行。

学练要点：两腿伸直，立腰挺胸，身体直立平稳。

6. 竖叉

两腿伸直前后叉开成直线。左腿后侧着地，脚尖上翘；右腿前侧着地，脚背扣在地上，两臂立掌侧平举。两腿交替进行。

学练要点：立腰挺胸，沉髋挺膝。

腰　功

1. 前俯腰

并步站立，两手十指交叉，直臂上举，手心向上；上体前俯，挺胸，塌腰，两手尽力触地。再两手松开，用两手绕过双腿，抱住两脚跟部，尽量使自己的上体、脸部贴紧双腿。

学练要点：两腿挺膝伸直，上体前俯时，挺胸、塌腰、收髋。

2. 甩腰

开步站立，两臂伸直前举，以腰为轴，上体做前后屈和甩腰动作，两臂也随之甩动。

学练要点：两腿伸直，腰部放松，后甩时抬头挺胸，甩腰动作紧凑而有弹性。

3. 涮腰

两脚开立，略宽于肩，上体前俯，以髋关节为轴，两臂向左前下方伸出。然后挥动两臂，随上体向前、向右、向后、再向左做翻转绕环。左右涮腰交替进行。

学练要点：两腿伸直，以腰为轴，翻转绕环圆活、和顺。

4. 下腰

两脚开立同肩宽，两臂伸直上举；腰向后弯，抬头，挺腰，双手撑地身体呈桥形。

学练要点：两脚支撑站稳，膝关节尽量挺直，腰部后弯上顶，脚跟不能离地。

肩 功

1. 压肩

面对一定高度的物体，两脚开立同肩宽，上体前俯，两手抓住横杆，抬头挺胸，塌腰，用力向下振压。

学练要点：两腿伸直，肩部松沉，用力震压，力点集中于肩部。

2. 单臂绕环

右臂以肩为轴做直臂的顺、逆时针绕环。两臂交替进行。

学练要点：臂伸直，肩放松，绕立圆。

3. 双臂绕环

开步站立，以肩关节为轴，两臂分别向前和向后做直臂绕环。顺、逆时针绕环交替进行。

学练要点：身体正直，臂伸直，肩放松，绕环协调和顺。

4. 两臂交叉绕环

开步站立，两臂直臂上举，左臂以左肩关节为轴，向前下做顺时针绕环；同时，右臂以右肩关节为轴，向后下做逆时针绕环。两臂顺、逆时针交替进行。

学练要点：身体正直，两臂伸直，绕环协调和顺。

第二章

智慧武术操

1. 敬礼

原地抱拳敬礼。

2. 礼毕

手收回，并步直立。

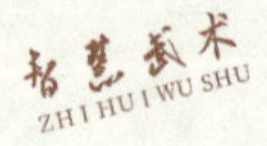

3. 天地

并步抱拳，看左边。

4. 玄黄

平插开掌，看右边。

5. 宇宙

开左步，头顶合掌，看上面。

6. 洪荒

马步双格挡，举拳平耳，看前面。

7. 日月

马步横打，平拳，看右边。

8. 盈昃

左弓步右冲拳，看冲拳方向。

9. 辰宿

左右冲拳，平拳。

10. 列张

右弓步前冲拳，立拳。

11. 寒来

右脚内扣，左脚回收站立，右插掌。

12. 暑往

左推掌，看左边。

13. 秋收

马步右掌拦打，看拦打方向。

14. 冬藏

右弓步左冲拳。

15. 闰余

右脚内扣，左脚收回开步站立，平举左掌，上举右拳。

16. 成岁

并左脚砸拳，膝盖弯曲，背挺直，左掌右拳要砸响，声音清脆。

17. 律吕

马步分打，立拳，看左边。

18. 调阳

马步抱拳。

19. 哈

丹田沉气发声，出左拳，平拳。

20. 哈哈

发声左右出拳，平拳。

21. 云腾

马步左格挡，看前方。

22. 致雨

左弓步右冲拳。

23. 露结

左脚内扣，右脚收回，并步直立，右掌背击响左掌心于头顶。

24. 为霜

仆步亮掌，双掌从上往下分开变左仆步，身体转向右方看右方。

25. 金生

右弓步抱拳，看弓步方向。

26. 丽水

右弓步双撑掌，看弓步方向。

27. 玉出

左弓步右劈掌，看劈掌方向。

28. 昆冈

左弓步抱拳，看弓步方向。

29. 剑号

抱拳右弹踢。

30. 巨阙

左弓步出爪，虎爪。

31. 珠称

右弓步左劈掌，看劈掌方向。

32. 夜光

右弓步抱拳。

33. 果珍

抱拳左弹踢。

34. 李奈

右弓步出爪，虎爪。

35. 菜重

收右脚并左脚，双拳交叉格挡胸前，收右脚右拳在上。

36. 芥姜

直立分推掌，看左边。

37. 海咸

左掌护腋下，看左边。

38. 河淡

出右脚弓步顶肘，左掌右拳。

39. 鳞潜

右脚内扣，左脚收回开步站立，双掌上插与步距平宽。

40. 羽翔

双手下打收回，并步站立。

41. 敬礼，礼毕！

第三章

智慧武术拳

抱拳敬礼

1. 抱拳甩头

左、右手抱拳在腰间，身子不动，头向左边甩动。

2. 童子拜佛

左脚打开，双手开掌，自下往上合拢，身子往下蹲成马步。

3. 双拳抱腰

双手抱拳于腰，眼睛看右前方。

4. 左弓步双冲拳

身子左转，马步转左弓步双冲拳。

5. 头顶击掌

右脚震左脚，左、右手拳变掌，自下往上升，升至头顶，左手掌击右手背，发出响亮声音。

6. 马步双扣掌

左脚下一步，右转身成马步，左、右手双扣掌。

7. 左弓步推掌

马步转左弓步，先右后左推掌。

8. 马步双扣掌

右转身成马步，左、右手扣掌在腰间，为护身掌。

9. 左弓步右叉掌

左转身为弓步，左手护身于腰间，右手向前叉掌。

10. 踢腿双冲拳

右手掌变拳，往后拉收回放于腰间护身，左手向上格挡。接着右脚前踢腿，踢腿的同时先右后左向前双冲拳。

11. 马步右冲拳

右转身，右脚落地成马步，同时右手冲拳，左手握拳于腰间。

12. 左弓步冲拳

左脚上前一步，左弓步冲拳，右手抱拳于腰间，尔后，接连冲两拳。

13. 右弓步冲拳

右转身，右弓步，左右手冲拳。

14. 左弓步右劈掌

左转身成左弓步，右手向下劈掌，左手握拳于腰间护身。

15. 马步左冲拳

弓步变马步，左手冲拳，右手架打。

16. 头顶击掌

右转身，右脚震腿。身体拉直，右掌击左掌与头顶。

17. 马步双扣掌

右转身，右脚上前一步，身子下蹲成马步，左右手双扣掌于腰间。

18. 左弓步双推掌

左转身变成左弓步，左右手向前用力推掌。

19. 后钩手前踢腿

双掌收回，往后拉成钩手，右脚向前踢腿。

20. 金鸡独立

钩手变掌，右手向上擦掌，左手掌为护身，右脚收回成钩，成金鸡独立状。

21. 左弓步按掌

右脚落地，转身左弓步，右手按掌，左手握拳于腰间。

22. 右弓步冲拳

左弓步转为右弓步，左手冲拳，右手握拳于腰间护身。

抱拳敬礼

第四章 中华武术

1. 武术的本质

中华武术，源远流长。它有着悠久的历史和广泛的群众基础，是中华民族在长期生活与斗争实践中，逐步积累和发展起来的一项宝贵的文化遗产。武术的内容丰富多彩，形式多样，风格独特。它具有强身健体，防身自卫，锻炼意志，陶冶性情，竞技比赛，娱乐观赏，交流技艺，增进友谊的功能，是一项具有广泛社会价值和民族文化特色的中国传统体育项目。

什么是武术？武，止戈为武；术，思通造化，随通而行为术。

武术，制止侵袭、停止战斗的技术。拥有消停战事、维护和平的实力，通过武化流传，是物质文明的保障和导向。

有人对武理解成“举戈而动，欲与人、欲与兽斗”是一种误解，其产生谬误处是对“止”的认识上：以趾为动。对武的理解便误解成“举戈而动”而非“止戈为武”的原意了。“止”字，是“一只脚（趾）”的意思，是“步”字的前一只脚，后面的一只脚不再踏上来、停止前行的意思。

武与戊同音通义：戊，wu，会意。从丿从戈。“丿”意为“不”。“戈”与“丿”联合起来表示“不动之戈”。戊位中央，与“武保半步（三尺）之安”一致。

武术，是修习一门制止侵袭的高度自保技术，它在切实解决安全问题的基础上，使我们的头脑得到应变能力的训练，简便易行，能够轻松提升人的精神和身体素质，防卫健身，精进卓越，快乐通融。

2. 武之作用

（1）个人自保

原始社会：强弱争斗，一方动戈，继而出现武。武，止戈为武，消停战事而来。

武术，消停战事的技术。

（2）安国强民

国家、社群：楚庄王曰：夫文止戈为武。又曰：夫武，禁暴戢兵保大定功，安民和财者也。——《左氏春秋·宣公十二年》。

3. 以武入哲

中国武术，上武得道，平天下；中武入喆，安身心；下武精技，防侵害。

中国文化，是中国软实力；中国武化，是中国实力。希腊哲学，主要是解决人和物的关系，更倾向于实物科研，弱化民族分别。印度哲学，主要是解释人和神的关系，虽然在哲学层面上是最深刻的，但面对现实问题却很无力，致使得印度在几千年的历史中被一个又一个外敌反复占有，而丧失了自己的承传。中国哲学，主要是解决人和人的关系：人与人之间关系的紧密建立，使得在这片区域的人们形成极强的认同感与对外的同一感；高度发达的文明建设，形成了对周边部族的文明优势；巨大的文明落差，始得保持了自己民族文化和民族精神的纯净性，不被外族所侵蚀破坏，并教化归（贵）正，同化了外族。

而世界上其他的文明古国，如古埃及、古巴比伦，都淹没在沙漠中了，现在的埃及人跟古埃及人不是一回事儿了，现在的伊拉克人也不是古巴比伦文明的继承人；希腊文明被无情入侵的罗马的拙劣仿制所淹没，却幸而在日耳曼诸部族的政治文化生活中得到了发扬；古印度的文化被雅利安人扫灭，辉煌的玛雅文化也被西班牙人付之一炬。唯一没有中断地记载并传承下来的古文明，就是中国的文明。

中国文明史，是以中国文化成就的。中国文化以文、武形式相融汇而成。中国武术，是成就中国文化不可分割的主体基因：

一、中国文明，是以“道”引领，为人生最高追求目标，而以此建立人与人之间的紧密关系的。道，辵首也，头行走也，是务虚所为。

二、而“道丧而后德，德丧而后仁，仁丧而后义，义丧而后礼。夫礼，忠信之薄，而乱之首也。”现实社会中急需务实所为，来解决“乱之首”。这便出现了武。

三、此“德、仁、义、礼”皆是以中国武术的“喆（音 zhe，古同哲）”所全然归纳把握，以此为修习目标的。喆，双吉：吉，是“将兵器安放在兵器架上”，高度防卫、免受危难的意思；双吉，是“旗鼓相当、实力相衡”的意思。

喆，代表了中华文明的哲学，不仅以现代哲学的“两相对立，相互验证而相衡”作为人的终极追求，而是以此“止戈为武”的精准明示，解决“夫礼，忠信之薄，而乱之首”的问题，建立起人与人之间紧密和谐的关系后，能够轻松孜力追求“道”的境界，以完成“土生人、人成仁以王、王成全为主”的高级进化过程。这是中华文明延衍至今、傲然屹立的实力保障。

中国文化，是中国软实力；中国武化，是中国实力，是贯通公权（政府）、私权（市场）和共权（社会），以平衡整体文明发展的高等教化方式。我们身为中国人，携华夏高等文明基因，将会在修习武道、法、理中，融汇渗透，圆融通达、自立自强，崛起于国际，佼佼于凡尘。由此，圣人以始得安然入道，精英以始得平衡相融合，凡夫以始得不受侵害，成就中华文明史至今。（《说文学武》——梁小露。）

4. 武术演进

（1）宋朝以前

陕西红拳

红拳最早起源可追溯到周、秦 。西周沣镐盛行“武舞”“角力”。秦时三辅（今陕西关中一带）盛行，“手搏”“击剑”长安附近尤甚，并以对练套路娱乐提高技艺（见《中国武术史》）。又据《史记. 张仪传》记载：“秦人秦声，舞秦舞击缶弹筝，击髆拊髀（bi）”，说是秦王嬴政打完胜仗后的庆功宴上，武士“击髆拊髀”（跳拍打舞）以示庆贺，这与现红拳演练套路中“放炮”“十大响”有着同样的表现形式，与民间流传的红拳谚语“击皮为鼓”也同出一辙。“击髆拊髀”体现秦人粗犷豪放，既练了“拍打之功”，又练了“撑斩之法”。红拳以“撑斩为母”，撑斩是红拳拳法的精髓。

红拳历经千百年风雨沧桑，它以内容丰富、套路繁多、技法全面、德艺并存、以撑补撑斩为其母、钩挂缠粘为其能、化身闪绽为其妙、钻身贴靠、腿法凌厉、刁打巧击为其法，享誉武林。红拳传域甚广，有豫红、陇红、川红、滇红、晋红、鲁红等，尤以关中最。在陕西咸阳建都，做就了秦汉时期流行于陕西之关中红拳，发展至宋时改称为太祖红拳。《少林拳法》载有“宋末觉远上人访李叟、白玉峰于陕西宝鸡、兰州，习练大小红拳。后白玉峰随觉远入少林寺传授大小红拳、棍术、擒拿等”。少林红拳是从关中传入，唐朝李世民时有少林寺僧兵及武僧纪录。唐朝武则天于公元 702 年订出武举制度，选举军将人才，并用考试的办法授予一定的称号，这大大促进了武术的发展。宋、明、清亦从之，至清末废除，历代皆有兵员军将之世袭制度，此时武术已经成为一种文化形式，并产生流派承传，从此影响到东南亚各国。

杭州长拳

（北）宋朝立国之始订下的禁止民间组社、私藏兵器的禁律。1127 年（南宋建炎元年），宋室南迁，在以岳飞、韩世忠为首的爱国将领提议下，大部分军民，奋起习武。以杭州为中心，杭州流传的为南拳，拳势多以上肢为主，肘膝为辅，很少飞身离地，称“拳打卧牛地”。心意六合拳先祖，据说传有《岳武穆王拳经》，且被该派尊为祖师，可惜没有历史佐证。1156 年（绍兴二十六年），朝廷在临安设立武学。1180 年（淳熙七年），设“武举绝伦从军法”，学武者可以考取功名。南宋共出现二十七名武状元。当时杭州的武术团体有角抵社、锦标社、射水弩社、川弩射弓社、英略社、马社等。还有民间组成的巡社、弓箭手、良家子等团体。他们平日“执弓荷锄，仗剑巡步”。北方被金侵占后，大批难民来杭，带来了北方的拳种，与原来的南派拳种融合。出现了浪迹江湖，习武卖艺为生的“路歧人”。

（2）元朝

汉人不可习武聚会。据原载于清末（宣统三年、1911 年）上海天铎报，广东人卢炜昌的作品《少林宗法》说：宋末元初，少林寺之拳术还未为世人称许。相传住持觉远（陈享）得达摩（陈远护）留传之十八罗汉手法，变散式为整式，将《罗汉十八手》佛手发展成七十二手（花拳）。他仍未满意，乃改装外出求师。后得兰州李叟（李家拳），得北方游侠白玉峰之（白模拳），后同住于洛阳同福禅师（蔡福–蔡家拳）之处。将各路拳法融合成五拳，使少林手法（南少林）增至一百七十余手（172 式五形八卦拳），内藏龙、虎、豹、蛇、鹤五形及八卦拳，即今蔡李佛之古典五形八卦拳。又称觉远注重武德，订“少林戒约十条”约束僧徒。

（3）明朝

明有长拳、红拳、弹腿等名称出现。也有单练、对练的形式。

明迁都今北京，将南方（南京）武术如长拳、红拳等带来，与原本北京、天津、沧洲之武术，如十八手（叟）、六合等拳术融合，今人称为少林拳种。

明朝戚继光在福建整理当时全国武术（包括长拳、短打、红拳、巴子拳等），明将戚继光亦是世袭而来，其武术长拳学自祖辈，故称太祖长拳。

沿海被日寇搜劫，俞大酋、戚继光曾驻扎沿海地方。福建及山东留下了当时的拳种如长拳、短打、五拳及华拳。福建演生了五形拳、鹤拳；两广衍生了洪拳、咏春及蔡李佛等南拳（今人称南少林拳)。山东将原来之罗汉、六合等演变出现在之罗汉螳螂拳和六合螳螂拳。

明朝形成了许多各具特色的‘拳’术(此时称拳不称派)。许多记载武术的书籍也相继出版。

流行的‘拳’有长拳(后演生为太极拳)、红拳、华拳(后演生为心意六合拳)、五拳(后演生为五形洪拳)、查拳、巴子拳、弹腿、短打(后演生为螳螂拳)、内家拳等等。

(4)清朝

清前期明令汉人不得聚众习武,南少林寺不再存在,嵩山少林寺受到监视,寺僧亦不可习武。

明末清初,在南方《五拳》发展成老洪拳之(五形拳),今人称为《南少林拳》,在福建、广东流行。其拳种来自福建,经戚继光整理后之南方拳术。

福建之海盐西进,外来商品在广东北上,皆必须有精通武术之镖师护送。

明末清初人姬际可(1602-1683)传授之拳术称“六合拳”,内容包括十形(势),后演生成心意拳、心意六合拳等,今人称为‘北少林拳’。雍正十三年(1735),河南进士王自诚作《拳论质疑序》。《序》云:“拳之种类不同,他端亦不知创自何人,惟此六合拳则出自山西姬龙、姬凤,二师乃系明末人也[应为姬龙峰(凤)之误],精于枪法,人皆以为神……”

内家拳名称出现于黄宗羲作于1669年即康熙八年之《王征南墓志铭》。

(5)鸦片战争(1840年)后

首先在广东,林则徐与两广总督邓廷桢严厉禁烟,需要当地社团及武术团体支持，大力发展民间团练以防英军从海路进入广东三江流域，清初禁止华人聚众集武已经松弛了。后来曾国藩以团练制度发展湘军之汉人军队，使汉人武术得以重新发展。

陈王廷后人陈长兴（1771 年-1853 年），传杨露禅（1799 年-1872 年）（后称杨式太极拳），杨减省一些刚烈拳势（如炮捶、红拳），注重刚柔并济。

河北李洛能（1808-1890）从心意六合拳演生成形意拳。

1851 年，太平天国正式成立，1853 年建都天京（今南京）。南方大城市广州及佛山之三合会武术团体快速发展，为太平天国提供人力资源。参与之武术社团领袖，为避免身份外涉及连累父兄辈，故以匿名为号，以（南）少林作为号召。广东佛山之洪拳（所谓少林拳）得以经湖南传到南京江浙一带。

（6）太平天国失败（1864 年）后

广东佛山的洪拳包括花拳及八卦拳［太平天国洪秀全拳术——（南）少林拳］传到南京、江浙一带。

广东黄麒英洪家拳传黄飞鸿（1847 年—1924 年），尊（南）少林至善禅师为祖师。

张炎在 1876 年接掌佛山鸿胜馆，教授蔡李佛拳。尊（南）少林至善禅师为祖师。清朝地方不靖，富贵人家及商铺多请来保镖或武师护院，并训练家仆武术。

清朝后期，政治混乱，地方人士多自设民团（自卫队），聘任武术教练。

清中叶后，有内（练一口气）、外（练筋骨皮）家之分别。亦有佛、道之分别。更有南（拳）北（腿）之分野。

山东范旭东（18?? -1935）（黄汉勋在《螳螂拳讲座》称范享

年九十有五?)；流传下《少林衣钵真传》，按升霄道人的《罗汉短打》，及自己的经验编成五卷。内容论及十八家法，螳螂拳法概论，螳螂短打要论，螳螂手法要论，螳螂手法总敌，王郎（应该是指其师王荣生）之螳螂短打总纲。（螳螂拳名称正式出现）。《少林真传》手抄本出现了，文中称由署名“升霄道人”写于1762年（清乾隆二十七年）（未有佐证）。记载有罗汉短打图、罗汉兵刀、器械、罗汉行功全谱、口诀等。

范旭东流传下之所谓弗逵道人手抄本《少林衣钵真传》出现，书中指升宵道人初学于少林寺福居禅师，后又学于峻山某少林高僧。福居禅师流传下《短打秘钥》。自言抄写之时间为咸丰五年(1856年)（书中所言，未有佐证)，相信是范旭东或其后人所编。

（8）清末民初

武当派之名称出现。武当派之历史形成，推前其创始时期，说是宋张三峰或明初之张三丰。

武当派或内家拳是指当时北京天津直隶一带之地方武术，混合了长拳、炮捶、红拳而衍生出之太极拳、八卦掌、形意拳等。

少林派之名称出现。革命党人借镜洪门历史，于各会党及社团中传播火烧少林寺等反清情绪。

宣统三年，1911年，上海天铎报连载有少林宗法一文，与广东人有关，陈铁生等集体创作，其中所指之南少林承传：历史背景与所描述地方，皆不可考。所载的拳术则为广东洪拳。唐豪先生曾经考证，并著有少林拳术秘诀考证一书。

北少林，指来自河北沧州之拳术。指六合、罗汉及螳螂手法。站桩时练硬气功，全身肌肉绷紧。丹田在肚脐之上两至三寸，锻炼整体腹肌。

南少林，指南拳。以技击为主，坐马时全身肌肉不比《北少林》绷紧，气功转往刚柔并济，丹田在肚脐之下两至三寸，锻炼下腹肌。

个别南拳拳种由全刚烈（以至善为少林始祖作为刚拳象征）加入柔顺元素（以五枚师太、方永春、严咏春等以咏春拳为代表的，作为柔拳的概念象征）。

民国初年，民间相对安定，经济转型。保镖、护院、团练，都转往授武，很多新的流派出现。

民初吴式太极传人许禹生说替袁世凯工作之宋书铭，自称藏有远祖宋远桥之太极拳谱。说张三丰传张松溪及张翠山，再傅宋远桥，名十三式。

清末直隶清军中武术，亦是后来袁世凯新军中所习的拳术，后直系军阀承继之。

嵩山少林寺于1928年，军阀内战时全部被烧毁。1926年国民党开始北伐，1927年3月6日，少林寺主持妙兴和尚因加入北洋军阀，于舞阳阵亡，年仅37岁。1928年后，有人（1932年；金恩忠）称得到少林寺妙兴和尚秘传七十二绝技。今人（2000年；吴忠贤）亦出版了少林七十二艺与武当三十六功。

民间武术团体成立1909年，自农蓟荪与霍元甲在上海创办（当时中国第一个民间武术团体）精武体操会后，佛山、汉口、广州、梧州、南宁等地的精武会相继成立，影响所及，海外分会如香港、澳门、新加坡、马来西亚、越南等华侨聚集的商埠亦纷纷建立。精武体操会之宗旨为提倡武术、研究体育、铸造强毅之国人。

北京体育研究社，1912年在北京由许禹生、郭志云、杨季子、赵鑫州、恒寿山、纪子修、高克兴、佟瑞甫等人成立，宗旨是发展武术运动，培养人才，达到强民救国的目的。

（9）中华武士会

1911年，在华北同盟会倡导下成立的大型规模的民间武术社团，由叶云表、马凤图等人发起组织。以团结武林同道，提高中华武术，振奋民族精神为宗旨。1912年秋，在天津河北公园举行盛大的武术表演。国民政府积极支持人民习武强身，亦在各大高级院校建立武术体育课。群众体育，广东南拳，民国初年出现很多新的门派，都说源出至善等少林五老、少林寺及峨嵋派。这反而暴露了他们之《新》，目的只是，“源出正统”而已，实质多数都是混合几位师父所学而成。至善等少林五老出于清末慈禧太后时期留行于广东之武术小说“万年青”。武术小说“万年青”或名乾隆皇游江南，流行于清末广东省之广州及佛山一带，当时该地之著名的拳术有咏春拳（遵五枚师太为祖师）、洪拳、花洪拳（现称少林永春拳）及蔡李佛（遵至善禅师为祖师）；花拳（遵苗显为祖师）；东江拳（遵白眉道人为祖师）。该小说相信是根据上述数个门派之相传资料加上广州机房里旗下人欺侮汉人的情节写成。但凡改朝换代期间，前朝很多带兵将领都会流落民间传授武艺，大都低调生活。古之学习武事，是追随师父个人之名声，不像今人追随门派。

（10）中央国术馆及其他

1929年，张之江、李景林在杭州《西湖博览会》举办《武术运动会》。

1933年，形意拳传人薛颠，自称在五台山灵空禅师处学得《华佗五禽术》及《点穴法》，先后出版了《形意拳术讲义》《象形拳法真铨》《灵空禅师点穴祕诀》。

1936年8月，中国武术队赴柏林奥运会参加表演。

中国经历二战和国共内战，战争年代，武术停滞发展不前，产生了断层。由二战（1937年）至改革开放后（1985年），接近五十年，在中国内地，有些传承没有了，有些内容缺失了。礼失求诸野，在台、港，乃至外国，皆有传人，可以填补现时的一些遗失。

(11) 今日的中国武术（大陆）

内家拳中的形意拳的收式，以及外家拳北少林的“滴水势”，均有类似图中的招式

中华人民共和国国家体育总局下设有武术运动管理中心（原称中华人民共和国体育运动委员会武术运动管理中心）及国家体育总局武术研究院（原称中国武术研究院）。而全国性群众武术组织——中国武术协会也是中华全国体育总会领导下的单项运动协会之一。一般由它们发起组织武术体育竞技。上述组织认为，武术应该转向为强身健体和竞技体育比赛。

此外，设有国际武术联合会（英文：International Wushu Federation，缩写为IWUF）来推广武术，认为应该把武术当作竞技体育的一种，并组织国际“标准套路”比赛。因此该武术比赛被人批评为是表演“舞术”，毫无实用的技击性，只是花拳绣腿的体操而已。国际武术联合会有114个会员国。因此中国官方从1980年开始推出散打运动。但是，这却遭到了更多的批评，许多持否定态度者根本不承认它算作中国武术，批评它是泰拳的腿法，拳击的拳法，加上一些四不像的跤法（因为中国传统武术中的跤法和它完全两样）。

5. 武术名师

（1）李小龙（功夫巨星、创截拳道 双截棍法）；

（2）赵鑫洲（六合拳、螳螂手、六合门）；

（3）霍元甲（迷踪拳）（精武体操会）；

（4）黄飞鸿（洪拳）；

（5）韩庆堂（长拳）；

（6）刘云樵（“神枪”李书文的关门弟子。擅长八极拳、宫氏八卦掌及六合螳螂拳）；

（7）刘百川（罗汉拳）；

（8）苏黑虎（黑虎门）；

（9）黄祥（黑虎门）；

（10）邵汉生（蔡李佛）（洪拳）；

（11）何长海（罗汉拳）（查拳）；

（12）吴彬（炮锤）；

（13）屈镇强（七星螳螂拳）；

（14）李书文（八极拳）；

（15）梁赞（咏春拳）；

（16）叶问（咏春拳）；

（17）梁挺（咏春拳 WingTsun）；

（18）陈享（蔡李佛）；

（19）谭三（北胜蔡李佛）；

（20）陈清河（长拳）（洪拳）；

（21）姜容樵（形意拳）（八卦掌）；

（22）陈王廷（陈式太极拳）；

（23）杨露禅（杨式太极拳）；

（24）孙禄堂（孙氏太极拳、形意拳、八卦掌）；

（25）张三丰（太极十三式）；

（26）郭云深（形意拳）；

（27）李存义（形意拳）；

（28）李洛能（形意拳）；

（29）李景林（剑仙）；

（30）杜心武（中华保镖）；

（31）宋唯一（武当剑谱）；

（32）董海川（八卦掌拳术的创始人和主要传播者）。

6. 武术拳系

长拳系（古拳系）：北拳，包括跳跃，翻跟斗，大车身等动作。因要重复单势操练，故称长拳。宋朝已经发展成熟，多以单势操练至熟稔为止。至明时加入红拳、炮锤、华拳等元素。形拳系（少林拳系）：（红拳、炮锤、华拳加上长拳），明朝以后，取动物捕食时之姿态及风雷雨电之急势，衍生出北方六合拳、罗汉短打及南方五形洪拳。拳种包括福建《五拳》、《华拳》、山西《六合拳》等。（南拳）：开始有比较完整之训练系统，先练习肌肉、关节及运气与用劲，注重坐马步法，手法保护身体，两手协调互动。

往后至清朝初期，混合以上两大系统发展成意拳系。

意拳系（新拳系—内家拳系及新派南拳）：简化了形拳系之重

复练习形式. 减去了长拳系之烦琐困难动作，改良了一些对身体造成伤害之硬着头皮方式之练习形式，于是门派开始形成。乾隆时盛行的太极拳是由简化了的长拳系拳术加上了五行八卦等意念构成，同期的形意拳则以形拳会意而成。

混合以上三大系统演衍出现代拳系。

现代拳系：咏春拳、大成拳、截拳道、北派通背拳及现称武当、峨眉之各流派。

7. 技击功能

中国武术的实战格斗由于文学、电影的表现而被夸大。武术家之间的交手多使用推手的形式，点到为止。而真正的搏斗，并不像许多人理解的那样拳来腿往，打上半天，而大多只是几个回合就能分出胜负。比如咏春拳，通常6~8秒结束战斗。

中国武术能够练习到什么样的境界，是一个很难回答的问题。根据太极拳的说法，最高的境界可以达到“一羽不能加，蚊蝇不能落”，也就是说，一片羽毛碰到他的身体，都能被他自然的弹出去。但是有什么人能够达到这种理想的境界呢?

8. 武术表演

（1）内功

内功，是用呼吸、吐纳、运气方法，配合身体动作，以加强攻击、防守动作的效果。

由于中国民间思想受道教影响深远。道教有说法认为大宇宙（世界）和小宇宙（身体）能互相沟通影响，所以有所谓气功或内功的修炼。在这种背景下，中国部分武术流派亦有“养气”“练气”“运气”之说。一开始，内功并不是中国武术的内容。经过漫长的发展，逐渐和气功结合。

内功的修炼效果：绝大部分普通百姓将气功修炼作为强身健体的一种方法。如果长期坚持并且练习得法，能使精神健旺，全身高度舒适，并能增强体质。如果作为技击的基本功长期练习，则可以大幅增加肌肉爆发力，并增强体力。一些主要流派，都有发出内气的功夫。

（2）外功

外功，主要是增强身体的筋、骨、肌肉的强度，以加强攻击、防守动作的威力。

外功修炼的效果：一是增加自身的抗击打能力，二是增加进攻的威力。由于武术作为技击实战的意义早已基本消失，只有少数人在练习外功。公开的表演和武警训练的内容，包括用砖头猛击头部，砖头破碎而头部无损伤等。更早时期的关于外功的公开表演，有例如义和团时期的刀枪不入的表演。

（3）表演

武术表演既讲究形体规范，又求精神传意。内外合一的整体观，是表演中国武术的一大特色。这种表演经常以集体进行的徒手、器械或能手与器械的为主要表演形式，变换队形，图案，加上用音乐伴奏，队形整齐、动作协调一致，极具观赏性和震撼力。在武术基础上创造了一整套的有思想、有表情、有层次、有结构、有难度的立体练习程式，从而构成艺术体操的美。武术以其高超的难度技巧、独特新颖的编排、妩媚多姿的动作、袅袅婷婷的动作及协调一致的音乐配合等因素来展示出优美而的姿态美。

9. 武术入奥

1936年，由郑怀贤（原中国武术协会主席）等人组成的“国术表演队”，第一次通过奥运会向世界展示了独具魅力的中华传统武术。从此“武术申奥”踏上了漫漫“长征路”。

在2016年的国务院团拜会上，国家体育总局相关领导向党和国家领导人汇报武术入奥事宜时得到了肯定和支持。

首届世界杯武术套路比赛拉开了全民、全行业、全生态助力武术入奥的序幕。

2019年9月，国务院颁布了《体育强国建设纲要》，印发了《武术产业发展规划》，明确支持武术国际化，支持推动武术项目早日进入奥运会。

2019年10月30日，中央文明办评审公布，“助力武术入奥”发起人王宏荣登“中国好人榜”。

2020年1月8日，历史性突破，武术成为青奥会正式比赛项目。

第五章 修武须知

1. 关于习武

武，首先是切切实实解决个人的人身安全问题的技术。在这个“个人安全”的范畴内，强身健体只是顺带的必然的结果，而不是习武的主要目的。

而我们都知道，我们的身体显然是由大脑控制的。身体控制不良，显然是“脑子不良”。所以修习传统武术，我们首先强调是修习我们头脑的思维方式与能力，以及相应的应变能力；在此基础上，以招式为表现方式的“武”，才具备目标性、具备解决问题的能力。这，符合现代人所追求的“实用性”。

更进一步，我们明白，我们的心性能控制我们的头脑，这就是中国传统文化一直强调的“道”：个人修为。中国武术，是以武入道的，是最简便易行、能够轻松提升人的精神和身体素质的方式。传统“穷文富武”，对于上层阶层的人士来说，“武术本领”绝不仅仅是一种“实用技术”，而是一种文化修养和社会背景的标志。修习“武道”，简便易行、精气神完好、身体健康，对人思维和心理、行为，以及身体素质的提高具有重大价值，能够轻松应对社会乃至人生过程中的万般变化，柔润娇美、精进卓越。

2. 内外兼修

修武，我们首先修习“止”功，修复自己内在的怯懦和修正外在的暴力。这里指的懦与暴，包括了思想、语言和行动。

一、内止懦。知耻近乎勇。当我们知道自己怯懦、懦弱、能力不足时，能够拿出勇气面对自己的不足，修补它，便是勇。

如果我们不愿意面对自己这个怯懦、这个漏洞，那我们则无法处理我们有可能面临的危险，其实是在给自己制造了危机……便越发怯懦，难以自拔。

二、外止暴。暴的特征是攻击性，攻击性的特征是喜欢以“受害者”的身份进行“还击”。

己所不欲勿施于人。武者修习的是高等智慧，不制造新的伤害、不制造新的麻烦来给自己解决。天下本无事，才是真本事。

3. 习武过程

各人自有自己的武术；但各人所使用的身体，皆是沉淀亿万年进化而得。

当将自己的身体去浸淫一种技术，自会产生相应交融。这个交融，将是由浅至深、由外而内、由粗及精、由形到神的过程。

我们修习武术，就像往自己的身体“银行”存“钱”功一样，哪个地方薄弱，就是哪里存的不够，修而习之。日积月累，成为我们日渐丰厚的、可自生复利的个人财富。

不求外人，自足而富；不求外道，自立而贵。自古武人富贵，便是此理。

4. 正当防卫

尽管现代对“武术”有竞技、表演等广义的定义，但传统武术只有一个宗旨：止戈是武，武是制止侵害的技术。

中国的咏春拳，就是一门中国传统武术，一直秉持“止戈为武”的宗旨，不异门竞技、不哗众献演，恭肃内敛，在民间广泛传扬。

防身自卫，指在法律允许的范围内，用正当防卫的原则，对不法侵害所实施的一种自卫行动。

正当防卫，指对正在进行的不法侵害行为的人采取的一种造成一定损害的方法。它应该符合四个条件：

正当防卫所需的条件：	武
一、当防卫所针对的，必须是不法侵害；	不主动动武
二、必须是在不法侵害正在进行的时候；	别人动武时
三、正当防卫所针对的必须是不法侵害人；	对外，制止侵害
四、正当防卫不能超越一定限度。	对内，停止制造侵害

实施正当防卫，维护自身安全，是法律赋予公民的合法权利；维护社会治安，捍卫法律尊严，不仅是执法部门的任务，也是每位公民的神圣义务。咏春拳，正是根据正当防卫原则，通过千百年沉淀而得出的一套具体修习方法，使修习者在遭受不法侵害时，能够做出正确、有效的反应，高度自保，高效安全。

5. 武与暴力

一切暴力行为，无一不是以“还击”为理由发起的攻击行为。

一切暴力行为，都是蔑武、灭武作为。

(1) 假想防卫

一、不法侵害行为实际不存在，也毋须实施防卫行为；

(如果不法侵害现实存在，且正在进行当中，那也就具备了正当防卫的法定前提，任何公民都有权实行必要的防卫行为，自然也就不存在假想防卫的问题。)

二、行为人主观上存在防卫意图；

三、行为人的“防卫”行为给无辜者造成了损害。

(2) 挑拨防卫

是指故意引诱对方进行不法侵害，而借机加害于不法侵害人的行为。

防卫挑拨是故意诱发不法侵害，主观上具有借机伤害对方的犯罪意图，而非防卫意图，所以不能成立正当防卫，而是故意的违法犯罪行为。

(3) 防卫过当

防卫过当，是指防卫行为明显超过必要限度造成重大损害的应当负刑事责任的犯罪行为。

防卫过当是一种轻微的犯罪行为，在主观上对自己反击和制止不法侵害的行为和结果持放任态度或疏忽大意、过于自信的态度，客观上防卫人的行为明显超过了制止不法侵害所必须的限度。

6. 幼儿武术的功能特点

（1）增强体质

武术套路运动包含着平衡、屈伸等动作，需要人体的各个器官参与其中。在武术训练过程中，幼儿不仅可以获得速度、力量、忍耐力、韧性、灵活性、肢体协调性等方面的提高，而且还可以改善幼儿身体机能，使幼儿身体抵抗力、免疫力得到提高，同时还有助于预防和纠正幼儿不良的身体姿态等。

（2）锻炼意志

通过武术训练，可以促使幼儿从小养成基本的自理自立能力与习惯，培养其刻苦耐劳、追求突破的品质。有助于幼儿在遇到困难时克服消极逃避的心理，锻炼其勇敢无畏、坚韧不屈的意志品质，同时还可以培养幼儿勤奋、顽强、勇于进取、果断、虚心好学等良好习性和品德。

（3）交往能力

在幼儿武术活动中，幼儿可以很好地与其他的小朋友交流思想、增进幼儿间的友谊。

（4）文化生活

武术竞技、武术表演等具有很高的观赏价值，历来为人们喜闻乐见。通过武术锻炼和对武术竞技、表演的观赏，有助于培养孩子的自我表现能力和创造性、想象力，增进孩子的自信心。